Sheep's Vigil
by a Fervent Person

Sheep's Vigil
by a Fervent Person

*A Transelation
of Alberto Caeiro/Fernando Pessoa's
O Guardador de Rebanhos*

EIRIN MOURE

ANANSI

First published in 2001 by House of Anansi Press Ltd.

This edition published in 2004 by
House of Anansi Press Inc.
110 Spadina Avenue, Suite 801
Toronto, ON, M5V 2K4
TEL 416-363-4343 FAX 416-363-1017
www.anansi.ca

Distributed in Canada by
HarperCollins Canada Ltd.
1995 Markham Road
Scarborough, ON, M1B 5M8
Toll free tel. 1-800-387-0117

Distributed in the United States by
Publishers Group West
1700 Fourth Street
Berkeley, CA 94710
Toll free tel. 1-800-788-3123

House of Anansi Press is committed to protecting our natural environment.
As part of our efforts, this book is printed on paper that contains 100%
post-consumer recycled fibres, is acid-free, and is processed chlorine-free.

15 14 13 12 11   4 5 6 7 8

LIBRARY AND ARCHIVES CANADA CATALOGUING IN PUBLICATION

Mouré, Erin, 1955–
Sheep's vigil by a fervent person

ISBN 978-0-88784-660-1

1. Pessoa, Fernando, 1888–1935 — Adaptations.
I. Pessoa, Fernando, 1888–1935. Guardador de rebanhos. II. Title.

PS8576.096S53 2001   C811'.54   C00-933185-9   PR9199.3.M67S53 2001

Typography: Letters
Cover design: Angel Guerra
Author photograph: Kim Fullerton
Back cover photographs: Adrienne Leahey

*We acknowledge for their financial support of our publishing program the
Canada Council for the Arts, the Ontario Arts Council, and the Government of
Canada through the Canada Book Fund.*

Printed and bound in Canada

CONTENTS

"In me, there appeared my master." – Fernando Pessoa to Adolfo Casais Monteiro about Alberto Caeiro and March 8, 1914, the day he wrote some 30 of the 49 poems of *The Keeper of Sheep*, "in a sort of ecstasy."

The anonymity of the civic grid parallels the anonymity of fields. When I was a child, I was also a bird. A bird and a fisher. Then I spent a winter on Winnett Avenue in Toronto where a small creek crosses, nameless, flowing under the road into Cedarvale ravine near the Phil White Arena. A manhole cover, *the real McCoy*, marks its passage. A portal, round, of *fer forgé*. In Montréal these covers would say *Montréal égouts*, or *aqueduc*, or *égout pluvial*, in accordance with their function; in Toronto they read *McCoy*, after their foundry. Or just bear a year. 1965. Beneath them, I started to find creeks, riding my bike that spring; for on a bike, you can hear the water. Travelling up Wychwood past the old shut streetcar barns, the sound of Taddle Creek can be followed all the way up to Vaughan Road before it's lost. And on a bike,* you're instantly aware of topography. At night from downtown, the craggy Lake Iroquois shore just above Davenport in Toronto is a dark line: to rise out of the vanished lake into it is to enter a lung. In such a place, I first translated the words of Portuguese poet Fernando Pessoa. Or, more properly, Alberto Caeiro.

It started on March 20, 2000. In Providence, Rhode Island, I decided not to read anything for five days and just think. But I couldn't help it. Back in Toronto, I read *Garrison Creek* in brass letters in the pavement outside the liquor store on St. Clair Avenue and could see its trajectory southward to the lake, under an avenue. I knew what the No Frills parking lot had been, then. It was the ugly urban pastoral of my Calgary childhood, creek territory.

---

* In a car, you can't hear creeks. Besides, a car's nearly impossible in the warren of one-way streets designed to prevent through traffic to the truncated Allen Expressway.

Later I opened Alberto Caeiro's *O Guardador de Rebanhos,* a bilingual version* I'd bought in Providence on my first day of not-reading because it was red. I looked at the verso side and realized: *I can read Portuguese.*

Whoosh!

It was as if studying Galician had created new neurons in my head. So to amuse and scare myself, I translated a short poem, altering posture and voice, and sometimes (thus) words, but still staying "true" to the poem. A few pages and days later, I realized Pessoa had entered Toronto, living a pastoral life in Toronto's not-quite-vanished original topographies. In me, there appeared my master. Finally I could feel joy. I found Taddle Creek in Wychwood Park. Then I found the creek that crosses Winnett Avenue just below where I lived. After I found the creeks, I lived alongside them.

And Alberto Caeiro came with me. I translated Pessoa by responding to him as a person. I, a person, and Pessoa, a person. For in Portuguese, *pessoa* is person. I just read the Pessoan poem line, then wrote my line, or read a few lines, then wrote mine. It was abrupt, direct, total.

At the same time, I couldn't write too many at once. It set my heart murmur going. Besides, I was afraid of responding to the context of what I'd already done, and I wanted to respond only to the Pessoa lines, using the context of my own corporeal position in the world north of Vaughan Road. In just over a week I'd translated some 30 of the 49 poems, in a sort of ecstasy. It was a form of prayer I lit each day, a vigil candle.

Toronto's Garrison Creek once ran down from where I'd found it at No Frills (that chaotic cut-rate supermarket where I walked to buy food), through Christie Pits, then continued south, in the ravine system still visible as parks here and there.

---

* Fernando Pessoa / Alberto Caeiro, *The Keeper of Sheep,* tr. Edwin Honig and Susan M. Brown from the Portuguese *O Guardador de Rebanhos* (Riverdale-on-Hudson, N.Y.: The Sheep Meadow Press, 1985).
O Guardador was first published in full in 1946 by Edições Ática in VOL 3 of Pessoa's *Obras Completas* called *Poesias de Alberto Caeiro.*

Where Harbord Street crosses that ravine, between Montrose and Grace, there was once a big bridge. When they filled in the ravine, they buried the bridge too. I unburied it with Pessoa.

A last note: I see this book as translation, as faithful, even if different. That's why it appears in a bilingual edition with the Portuguese originals – my deflections of Pessoa's texts are thus *visible,* even if you do not read Portuguese. I want this book to be judged not just as my poetry but as translations of Pessoa. Trans-*e*-lations. Trans-eirin-elations. Transcreations. *A sheep's vigil, of a fervent person.*

For Emma, cat soul, who was there with me every moment.
For Poincaretta, wild kitty, mottled one so scared in March that year.
For Zorro, earlier, who died of it.
For all the lost ones in Toronto.

Thanks to Roo Borson and Kim Maltman for their house on Winnett Avenue. To Belén and to Burghard in Vigo for helping; to Gordon Johnston in Peterborough for commentary; to Chris Daniels, wonderful Pessoa translator in San Francisco, for his excitement and sharing. To Massey College and the Department of English at the University of Toronto, for space and time. To Lisa Robertson in Vancouver, for editing.

This book is for Norma Cole, who grew up in Toronto and who shares translation's febrility.

And it is for Andrés Ajens, el chileno meridional who is impossible to translate so I do; for Phil Hall who is of Pessoa's lineage; for Liz Kirby who listened and who said "that's not Pessoa, it's you"; for Kim Fullerton who helps always; e para o meu irmão Bill, porque há regatos nas cidades, e sabe iso.

For all of you, each of you, this is "my simple book."

Eirin Moure
April 2000, Toronto – December 2000, Montréal

These are bad sheep.
They never listen.
Every day it's the same thing.
Bad, bad sheep.

> – pastor de Turre, Almería,
> in the dry riverbed of the
> Río das Aguas, 1999

I must admit, the thought of you in the traffic on
Vaughan Road, listening for creeks in manholes, is
pretty funny.

> – Ken Mouré
> letter, April 3, 2000

Quando estou muito triste, leio Caeiro e é uma brisa.

> – Álvaro de Campos
> *Notas para a Recordação do meu*
> *Mestre Caeiro*

....

O idioma é unha obra de arte feita con amor, con dor
et con ledicia polos nosos antergos que nós témo-la
obriga de adaptala ás características do noso tempo.

> – Castelao

I

Eu nunca guardei rebanhos,
Mas é como se os guardasse.
Minha alma é como um pastor,
Conhece o vento e o sol
E anda pela mão das Estações
A seguir e a olhar.
Toda a paz da Natureza sem gente
Vem sentar-se a meu lado.
Mas eu fico triste como um pôr do Sol
Para a nossa imaginação,
Quando esfria no fundo da planície
E se sente a noite entrada
Como uma borboleta pela janela.

Mas a minha tristeza é sossego
Porque é natural e justa
E é o que deve estar na alma
Quando já pensa que existe
E as mãos colhem flores sem ela dar por isso.

Com um ruído de chocalhos
Para além da curva da estrada,
Os meus pensamentos são contentes.
Só tenho pena de saber que eles são contentes,
Porque, se o não soubesse,
Em vez de serem contentes e tristes,
Seriam alegres e contentes.

Pensar incomode como andar à chuva
Quando o vento cresce e parece que chove mais.

Não tenho ambições nem desejos.
Ser poeta não é uma ambição minha.
É a minha maneira de estar sozinho.

1 What, me, guard sheep?

for Phil Hall

What, me, guard sheep?
I made that up; this is poetry.
It's my soul that's sheepish
Knows wind and sun
Grabs onto every Season and follows, looking.
Nature's peaceful today; it's empty
and it's my pal.
But it saddens me: what if sunset
turns my lights out too
when the parking lot goes cold
and nightfall's butterfly presses at my body,
glass.

But being sad isn't all bad,
it's fair enough and natural
What else is a soul for?
It's so sure it exists
when the hand cuts flowers, it doesn't cry out.

Like the racket of the mail truck
Coming around the curve of the avenue
My thoughts are happy.
Yet simply thinking this makes me glum,
For if they weren't happy, there'd be more variety:
Instead of being happy and glum
They'd be joyful and happy. What the heck.

Thinking bugs me, like walking in the rain
When the bus goes by, a huge wind splattering greasy water.

Ambitions and desires? My head's wet.
Being a poet isn't an ambition,
it's a version of being alone.

3

E se desejo às vezes,
Por imaginar, ser cordeirinho
(Ou ser o rebanho todo
Para andar espalhado por toda a encosta
A ser muita coisa feliz ao mesmo tempo),
É só porque sinto o que escrevo ao pôr do Sol
Ou quando uma nuvem passa a mão por cima da luz
E corre um silêncio pela erva fora.

Quando me sento a escrever versos
Ou, passeando pelos caminhos ou pelos atalhos,
Escrevo versos num papel que está no meu pensamento,
Sinto um cajado nas mãos
E vejo um recorte de mim
No cimo dum outeiro,
Olhando para o meu rebanho e vendo as minhas ideias,
Ou olhando para as minhas ideias e vendo o meu rebanho,
E sorrindo vagamente como quem não compreende o que se diz
E quer fingir que compreende.

Saúdo todos os que me lerem,
Tirando-lhes o chapéu largo
Quando me vêem à minha porta
Mal a diligência levanta no cimo do outeiro.
Saúdo-os e desejo-lhes sol,
E chuva, quando a chuva é precisa,
E que as suas casas tenham
Ao pé duma janela aberta
Uma cadeira predilecta
Onde se sentem, lendo os meus versos.
E ao lerem os meus versos pensem
Que sou qualquer coisa natural —
Por exemplo, a árvore antiga
À sombra da qual quando crianças
Se sentavam com um baque, cansados de brincar,
E limpavam o suor da testa quente
Com a manga do bibe riscado.

And if I sometimes want
(I'm making this up!) to be a lamb,
(Or to be the whole flock
with a flock's funny gait on the hillside,
one leg shorter than the other)
It's just that I feel what I write at sunset
or when a cloud's hand shields the light
And my neighbour goes in, after cutting his lawn.

When I sit writing poems
or when walking Vaughan Road or along the alley
I write poems in my head, because that's how I think.
The pen I hold is my shepherd's crook,
And I see my own figure
on the crest of Bathurst,
Guarding my flock and viewing my ideas
Or guarding my ideas and viewing my flock
and smiling half-goofy like my friend Phil.

Hello to you, Phils of the future:
I take my hat off to you.
Look, I'm in my own doorway on Winnett
across from another parking lot.
I hope you've got sun,
and rain when you need it,
And that in your houses
you've a chair and a window that opens
where you've just read this: it's a poem.
And that reading it makes you think
I'm a natural –
For example, an ancient tree that thrives on a buried creek,
Where children plop down when they're sick of playing,
And wipe the heat off their sticky foreheads
with the sleeve of a T-shirt,
their striped T-shirts now wet in my striped shade.

II

O meu olhar é nítido como um girassol.
Tenho o costume de andar pelas estradas
Olhando para a direita e para a esquerda,
E de vez em quando olhando para trás...
E o que vejo a cada momento
É aquilo que nunca antes eu tinha visto,
E eu sei dar por isso muito bem...
Sei ter o pasmo essencial
Que tem uma criança se, ao nascer,
Reparasse que nascera deveras...
Sinto-me nascido a cada momento
Para a eterna novidade do Mundo...

Creio no Mundo como num malmequer,
Porque o vejo. Mas não penso nele
Porque pensar é não compreender...
O Mundo não se fez para pensarmos nele
(Pensar é estar doente dos olhos)
Mas para olharmos para ele e estarmos de acordo...

Eu não tenho filosofia: tenho sentidos...
Se falo na Natureza não é porque saiba o que ela é,
Mas porque a amo, e amo-a por isso,
Porque quem ama nunca sabe o que ama
Nem sabe porque ama, nem o que é amar...

Amar é a eterna inocência,
E a única inocência é não pensar...

11 My sight's sharp as a sunflower

My sight's sharp as a sunflower.
I walk up Winnett to Vaughan Road all the time
Looking left and right
And sometimes looking over my shoulder...
And what I see every moment
Is what no one's seen before me,
And, as such, I just let myself go...
I feel like a child in a т-shirt
Amazed by just being born
and realizing "hey, I'm born"...
I feel myself born at every moment
Into the World's eternity of the New...

I believe in the world and in marigolds,
Because I see them. But I don't think on it
For thinking can't understand...
The world isn't made for us to think in
(thinking is eye-sore)
But to gaze at, and to harken...

I've no philosophy: I've feelings...
I don't talk of Nàture knowing what it is,
But just because I love it, and I love it "as such,"
For a lover never knows that which she loves
nor why, nor what love is...

To love is to abide in innocence,
hey, I'm still amazed...
And I'm 45, just pulling my т-shirt on...

III

Ao entardecer, debruçado pela janela,
E sabendo de soslaio que há campos em frente.
Leio até me arderem os olhos
O livro de Cesário Verde.

Que pena que tenho dele! Ele era um camponês
Que andava preso em liberdade pela cidade.
Mas o modo como olhava para as casas,
E o modo como reparava nas ruas,
E a maneira como dava pelas coisas,
É o de quem olha para árvores,
E de quem desce os olhos pela estrada por onde vai andando
E anda a reparar nas flores que há pelos campos...

Por isso ele tinha aquela grande tristeza
Que ele nunca disse bem que tinha,
Mas andava na cidade como quem anda no campo
E triste como esmagar flores em livros
E pôr plantas em jarros...

III At sunset, bending out the window

At sunset, bending out the window
Knowing, sidelong, fields in the avenues
My eyes burn anyhow but I don't care, I'm still reading
that Book by Erin Mouré.

How she makes me ache! She was a creek's companion
lost south of St. Clair, a walking prisoner in the city's freedom.
But the way she saw houses,
And the way she stopped short to look in the avenues,
And gave herself to things, in the same way
You'd gaze at trees,
And lift eyes down Vaughan Road to see where you're headed,
And notice small crocuses pulse in the ravine.

She never speaks of that ache of sadness,
Never admits it,
Just walks downtown as if in a creek bed catching minnows,
Sad like flowers pressed flat in books
Or plants pressing up green, in yogourt jars...

IV

Esta tarde a trovoada caiu
Pelas encostas do céu abaixo
Como um pedregulho enorme...
Como alguém que duma janela alta
Sacode uma toalha de mesa,
E as migalhas, por caírem todas juntas,
Fazem algum barulho ao cair,
A chuva chovia do céu
E enegreceu os caminhos...

Quando os relâmpagos sacudiam o ar
E abanavam o espaço
Como uma grande cabeça que diz que não,
Não sei porquê – eu não tinha medo –
Pus-me a rezar a Santa Bárbara
Como se eu fosse a velha tia de alguém...

Ah! é que rezando a Santa Bárbara
Eu sentia-me ainda mais simples
Do que julgo que sou...
Sentia-me ainda mais simples
Do que julgo que sou...
Sentia-me familiar e caseiro
E tendo passado a vida
Tranquilamente, como o muro do quintal;
Tendo ideias e sentimentos por os ter
Como uma flor tem perfume e cor...

Sentia-me alguém que possa acreditar em Santa Bárbara...
Ah, poder crer em Santa Bárbara!

IV This afternoon a thunderstorm careened

What a thunderstorm this afternoon!
The sky careening down to the road
as if toppled over
As if someone from a high window
Shook out a tablecloth
And the crumbs fell in a torrent
Raised unseemly racket as they fell,
The rain rained from the sky,
Spattered dark on the asphalt...

When lightning shook the air
And startled space itself
Like a giant head booming NO,
Who knows why – not fear –
I invoked, in prayer, the saint of gunfire
As if I were some feeble auntie...

And, praying to Santa Barbara,
I felt myself a bigger dolt
than I'd ever dreamed of
Felt myself coddled housebound on Winnett
Having spent my life
Peaceful as a backyard fence,
Having ideas, and feelings about ideas
Like a flower has scent and colour...

There are some things that refuse translation.
Invocation of Sweet Betty Malone.

(Quem crê que há Santa Bárbara,
Julgará que ela é gente visível
Ou que julgará dela?)

(Que artifício! Que sabem
As flores, as árvores, os rebanhos,
De Santa Bárbara?... Um ramo de árvore,
Se pensasse, nunca podia
Construir santos nem anjos...
Poderia julgar que o Sol
É Deus, e que a trovoada
É uma quantidade de gente
Zangada por cima de nós...
Ah, como os mais simples dos homens
São doentes e confusos e estúpidos
Ao pé da clara simplicidade
E saúde em existir
Das árvores e das plantas!)

E eu, pensando em tudo isto,
Fiquei outra vez menos feliz...
Fiquei sombrio e adoecido e soturno
Como um dia em que todo o dia a trovoada ameaça
E nem sequer de noite chega...

(Can those who believe in saints
Claim they're visible?
Or what, then?)

Such malarky! Flowers, trees and flocks
could care less
about Sweet Barbie Saltpetre... A tree branch,
If it thought, would not
Dream up saints or angelic girls...
But claim the sun
Were god, that's obvious, and thunderstorms
Were crowds of people
wearing rough boots, above us...
O how the simplest human
Is a trembling idiot
Beside the simple clarity
And brimming health
Of trees and plants! You have to admit it!

Thinking all this, I
feel crestfallen again,
feel disgruntled, ill and dour
Like a day that all day menaced thunderstorms
So no one hung their laundry out
Or cut their lawn...
And by night not a drop had fallen...

V

Há metafísica bastante em não pensar em nada.

O que penso eu do Mundo?
Sei lá o que penso do Mundo!
Se eu adoecesse pensaria nisso.

Que ideia tenho eu das coisas?
Que opinião tenho sobre as causas e os efeitos?
Que tenho eu meditado sobre Deus e a alma
E sobre a criação do Mundo?
Não sei. Para mim pensar nisso é fechar os olhos
E não pensar. É correr as cortinas
Da minha janela (mas ela não tem cortinas).

O mistério das coisas? Sei lá o que é mistério!
O único mistério é haver quem pense no mistério.
Quem está ao sol e fecha os olhos,
Começa a não saber o que é o Sol
E a pensar muitas coisas cheias de calor.
Mas abre os olhos e vê o Sol,
E já não pode pensar em nada,
Porque a luz do Sol vale mais que os pensamentos
De todos os filósofos e de todos os poetas.
A luz do Sol não sabe o que faz
E por isso não erra e é comum e boa.

Metafísica? Que metafísica têm aquelas árvores
A de serem verdes e copadas e de terem ramos
E a de dar fruto na sua hora, o que não nos faz pensar,
A nós, que não sabemos dar por elas.
Mas que melhor metafísica que a delas,
Que é a de não saber para que vivem
Nem saber que o não sabem?

v There's enough metaphysics in not thinking at all...

There's enough metaphysics in just going about life with your
eyes open.

What I *think* of the world?
Call me later.

What are my ideas about *choses*?
And my opinion on causes and effects?
Meditating on god and the soul is just none of my business.
As for the creation of the world,
Don't ask. For me, thinking of all this would be closing my eyes
and not thinking. Pulling the drapes shut
on my window (who needs drapes?).

The mystery in *choses*? Useless to ask me.
The only mystery is that people even think about mystery.
That people squint their eyes shut in sunlight
And begin not to know what the sun is
And think heat comes from stoves and dryers.
Just open your eyes and see the sun!
If you do, you can't think anymore about anything
because sunlight is fab, more than all the thoughts
of philosophers and poets lumped together.
Sunlight doesn't know what it does
And, as such, doesn't goof up, and is ordinary and good.

Metaphysics? The metaphysics of trees?
Of being green and pruned and having branches
And giving fruit at harvest, none of which makes us think,
We, who don't know how to pay attention.
But what better metaphysics than that of trees,
Not knowing what they live for,
Nor knowing that they don't know it?

15

«Constituição íntima das coisas»...
«Sentido íntimo do Universo»...
Tudo isto é falso, tudo isto não quer dizer nada.
É incrível que se possa pensar em coisas dessas.
É como pensar em razões e fins
Quando o começo da manhã está raiando, e pelos lados das árvores
Um vago ouro lustroso vai perdendo a escuridão.

Pensar no sentido íntimo das coisas
É acrescentado, como pensar na saúde
Ou levar um copo à água das fontes.

O único sentido íntimo das coisas
É elas não terem sentido íntimo nenhum.

Não acredito em Deus porque nunca o vi.
Se ele quisesse que eu acreditasse nele,
Sem dúvida que viria falar comigo
E entraria pela minha porta dentro
Dizendo-me, *Aqui estou!*

(Isto é talvez ridículo aos ouvidos
De quem, por não saber o que é olhar para as coisas,
Não compreende quem fala delas
Com o modo de falar que reparar para elas ensina.)

Mas se Deus é as flores e as árvores
E os montes e sol e o luar,
Então acredito nele,
Então acredito nele a toda a hora,
E a minha vida é toda uma oração e uma missa,
E uma comunhão com os olhos e pelos ouvidos.

"The deep origin of *coisas*…"
"Vital meaning of a *whoosh*…"
It's all overrated, you can't kid me.
It's incredible that people can even think about all that.
How can people think of reasons and conclusions
when early morning opens rays of splendour, and among the trees
A slow golden glow dispels the darkness.

Thinking of the deepest sense of *coisas*
Is window dressing, like thinking about health
Or bringing a glass to the water of fountains.

The only deep meaning in *coisas*
Is that they have none.

I don't believe in a god – I've never seen one.
If I were meant to believe,
One would come and talk to me, I'm sure of it,
And would step into my doorway on Winnett
Saying, *hey I'm here!*

(This may sound silly to some ears,
to those who have no clue what it is to look at things,
And, as such, don't understand those who speak of them
In the way *things* teach, to those who recognize them.)

But if god is flowers and trees
and island and sun and moonlight
Then I believe
Then I believe without stopping,
And my life entire is mass and fond oration,
And communion, through eyes and ears.

Mas se Deus é as árvores e as flores
E os montes e o luar e o sol,
Para que lhe chamo eu Deus?
Chamo-lhe flores e árvores e montes e sol e luar;
Porque, se ele se fez, para eu o ver,
Sol e luar e flores e árvores e montes,
Se ele me aparece como sendo árvores e montes
E luar e sol e flores,
É qu ele quer que eu o conheça
Como árvores e montes e flores e luar e sol.

E por isso eu obedeço-lhe,
(Que mais sei eu de Deus que Deus de si próprio?),
Obedeço-lhe a viver, espontaneamente,
Como quem abre os olhos e vê,
E chamo-lhe luar e sol e flores e árvores e montes,
E amo-o sem pensar nele,
E penso-o vendo e ouvindo,

E ando com ele a toda a hora.

But if god is trees and flowers
Who needs that cipher "God"?
How about "flower" and "tree" and "island," "sun" and "moonlight";
Because, if God showed up as
sun and moonlight and flowers and trees and island,
Appeared to me as trees and island
And moonlight and sun and flowers
It means that we should know god
as trees and island and flowers and moonlight and sun.

And, as such, I am subject to great power.
(How could I know more of god than god knows?)
I obey by living, spontaneously,
My own eyes and ears open,
And I call God moonglow and soleil and camellia and cedar and
   Centre Island
And I love without thinking god aloud,
And I think of god by seeing and hearing,

And go with God, on Winnett or Vaughan Road, or down Winona to
No Frills, where Garrison Creek is, heading southward to the Lake
and America and the ocean and the Lakehead and the whales and
Gibraltar and my heartbeat, fraying, and the high towers of Chicago,
and the road southeast to Albany, the graveyards where the workers
lie and Coaticook where I taught once, and my heartbeat, fraying,
and the emigrants from Poland, and *I love you*, and Niagara Falls.

VI

Pensar em Deus é desobedecer a Deus,
Porque Deus quis que o não conhecêssemos,
Por isso se nos não mostrou...

Sejamos simples e calmos,
Como os regatos e as árvores,
E Deus amar-nos-á fazendo de nós
Belos como as árvores e os regatos,
E dar-nos-á verdor na sua primavera,
E um rio aonde ir ter quando acabemos!...

vi Just thinking about God is disobeying God

Thinking about God is just contumacious,
Because none of us are meant to know what face God has
And, as such, we're godless...

Let's calm down here, simply,
Like Garrison Creek and the trees above No Frills,
And we'll feel loved entirely, feel
Beautiful as trees looking for creeks,
Given – as gift – the greenitude of this springtime,
the green harbour,
the parking lot
And a river to hold to when we've done!...

VII

Da minha aldeia vejo quanto da terra se pode ver do Universo...
Por isso a minha aldeia é tão grande como outra terra qualquer,
Porque eu sou do tamanho do que vejo
E não do tamanho da minha altura...

Nas cidades a vida é mais pequena
Que aqui na minha casa no cimo deste outeiro.
Na cidade as grandes casas fecham a vista à chave,
Escondem o horizonte, empurram o nosso olhar para longe de
    todo o céu,
Tornam-nos pequenos porque nos tiram o que os nossos olhos nos
    podem dar,
E tornam-nos pobres porque a nossa única riqueza é ver.

VII From Garrison Creek I see the earth to the antipodes of the Universe...

From Garrison Creek I see the earth to the antipodes of the Universe
In this, my street is as big as any planet
Because I am the same size as what I see
And not the size of my height ever...

Downtown, life's so much smaller
Than here in my house at the creek bottom where they paved it.
Downtown, huge mansions lock sight away
Obscure the horizon, flatten sight and wrench us far from the sky,
torment us smaller because they can't stand our eyes' lovely capacity,
torment us poor because our rich sight was once tremendous...

VIII

Num meio-dia de fim de Primavera
Tive um sonho como uma fotografia.
Vi Jesus Cristo descer à terra.
Veio pela encosta de um monte
Tornado outra vez menino,
A correr e a rolar-se pela erva
E a arrancar flores para as deitar fora
E a rir de modo a ouvir-se de longe.

Tinha fugido do céu.
Era nosso demais para fingir
De segunda pessoa da Trindade.
No céu era tudo falso, tudo em desacordo
Com flores e árvores e pedras.
No céu tinha que estar sempre sério
E de vez em quando de se tornar outra vez homem
E subir para a cruz, e estar sempre a morrer
Com uma coroa toda à roda de espinhos
E os pés espetados por um prego com cabeça,
E até com um trapo à roda da cintura
Como os pretos nas ilustrações.
Nem sequer o deixavam ter pai e mãe
Como as outras crianças.
O seu pai era duas pessoas –
Um velho chamado José, que era carpinteiro,
E que não era pai dele;
E o outro pai era uma pomba estúpida,
A única pomba feia do mundo
Porque não era do mundo nem era pomba.
E a sua mãe não tinha amado antes de o ter.

VIII One noon at the end of spring

One noon at the end of spring
I had a dream like a movie, like *Ben Hur* played backwards.
I saw Jesus Christ descend to Earth.
He came down the slope leading to Davenport
A child again,
Running and rolling in the grass,
Breaking off flowers and throwing them down,
And laughing so loud you could hear him over the traffic.

He'd skipped out on heaven;
He was too urbane to fake out
The second gargoyle of the Trinity.
In heaven all was false and out of sync
With flowers and trees and stones.
In the sky he had to be serious At All Times
And become a man once in awhile
And hang on the cross, and die there all over again
With a thorn hat
And nails for overshoes,
And a rag round his waist
Like old cartoons of black men in imperial-white papers.
He couldn't even have a mom and dad
Like kids in the 1950s.
He had two dads – how modern –
An ordinary Joe who worked in construction
Whom he called Pop,
And the other dad a stupid dove,
the only ugly dove in the world,
for he wasn't of the world and wasn't a dove.
And his mother had no lover before she had that one.

Não era mulher: era uma mala
Em que ele tinha vindo do céu.
E queriam que ele, que só nascera da mãe,
E nunca tivera pai para amar com respeito,
Pregasse a bondade e a justiça!

Um dia que Deus estava a dormir
E o Espírito Santo andava a voar,
Ele foi à caixa dos milagres e roubou três.
Com o primeiro fez que ninguém soubesse que ele tinha fugido.
Com o segundo criou-se eternamente humano e menino.
Com o terceiro criou um Cristo eternamente na cruz
E deixou-o pregado na cruz que há no céu
E serve de modelo às outras.
Depois fugiu para o Sol
E desceu pelo primeiro raio que apanhou.
Hoje vive na minha aldeia comigo.
É uma criança bonita de riso e natural.
Limpa o nariz ao braço direito,
Chapinha nas poças de água,
Colhe as flores e gosta delas e esquece-as.
Atira pedras aos burros,
Rouba a fruta dos pomares
E foge a chorar e a gritar dos cães.
E, porque sabe que elas não gostam
E que toda a gente acha graça,
Corre atrás das raparigas
Que vão em ranchos pelas estradas
Com as bilhas às cabeças
E levanta-lhes as saias.

She was a woman of her times: treated like baggage
A suitcase he popped out of, as if out of the sky.
And he, who had only his mom
And never a father to love with respect,
was meant to preach goodness and justice!
The whole system smacked of the politics of aluminum.

One day when God was snoozing after dinner
And the Holy Ghost flying about,
he stole three miracles from the coffers.
The first was that no one know he was on the lam.
Secondly, he wished himself human and small forever.
With the third he created a christ on the cross, eternally,
And left him nailed to a stick in heaven
To warn everyone off.
Then he split for Earth
Came down on the first ray of light.
Today he's my neighbour on Winnett Avenue.
He's got a glad laugh for a kid, what a natural.
He wipes his nose on his right sleeve
And splashes in puddles,
Picks flowers and adores them and forgets them.
Throws pebbles at streetcars,
steals chocolate in Loblaws
And gets all the dogs barking wildly; they can't catch him.
And, because he knows it makes them mad
And that others find it funny
He chases the girls
Who pass in groups on the avenue
Carrying packages home from the stores on St. Clair
And he tries to grab their skirts.

A mim ensinou-me tudo.
Ensinou-me a olhar para as coisas.
Aponta-me todas as coisas que há nas flores.
Mostra-me como as pedras são engraçadas
Quando a gente as tem na mão
E olha devagar para elas.

Diz-me muito mal de Deus.
Diz que ele é um velho esúpido e doente,
Sempre a escarrar no chão
E a dizer indecências.
A Virgem Maria leva as tardes da eternidade a fazer meia.
E o Espírito Santo coça-se com o bico
E empoleira-se nas cadeiras e suja-as.
Tudo no céu é estúpido como a Igreja Católica.
Diz-me que Deus não percebe nada
Das coisas que criou —
«Se é que ele as criou, do que duvido.» —
«Ele diz, por exemplo, que os seres cantam a sua glória,
Mas os seres não cantam nada.
Se cantassem seriam cantores.
Os seres existem e mais nada,
E por isso se chamam seres.»
E depois, cansado de dizer mal de Deus,
O Menino Jesus adormece nos meus braços
E eu levo-o ao colo para casa.

....

Ele mora comigo na minha casa a meio do outeiro.
Ele é a Eterna Criança, o deus que faltava.
Ele é o humano que é natural,
Ele é o divino que sorri e que brinca.
E por isso é que eu sei com toda a certeza
Que ele é o Menino Jesus verdadeiro.

Well that isn't so original but so what.
He taught me everything.
Taught me to see by means of things, of *coisas*.
Pointed me all the *choses* there are in flowers.
Showed me how stones are thankful
when people hold them
And look slowly into them.

He's always grousing about God.
Calls him a stupid sick geezer,
always horking on the floor
And using gross language, claims
the Virgin Mary spends eternal afternoons knitting socks.
And the Holy Spook scratches himself with his beak
and perches on the chairs and soils them.
To him all heaven is as senseless as the Catholic Church.
He tells me God sees nothing
of the *choses* he's created –
"If he really created them, and I doubt it."
"He says, for instance, that beings sing to his glory,
But beings aren't singing at all.
If they sang, they'd be singers.
Beings be and that's it,
That's why they're called beings."
And after, tired of griping,
The kid sleeps in my arms
And I carry him home held tight against me.

....

He's always out in the dip of Winnett Avenue.
He's the Eternal Child, a god on the lam.
He's human and natural,
He's the divine grin, all playfulness, racing on the sidewalk.
If you ask me, he's the real Kid Carter.

E a criança tão humana que é divina
É esta minha quotidiana vida de poeta,
E é porque ele anda sempre comigo que eu sou poeta sempre.
E que o meu mínimo olhar
Me enche de sensação,
E o mais pequeno som, seja do que for,
Parece falar comigo.

A Criança Nova que habita onde vivo
Dá-me uma mão a mim
E a outra a tudo que existe
E assim vamos os três pelo caminho que houver.
Saltando e cantando e rindo
E gozando o nosso segredo comum
Que é o de saber por toda a parte
Que não há mistério no mundo
E que tudo vale a pena.

A Criança Eterna acompanha-me sempre.
A direcção do meu olhar é o seu dedo apontando.
O meu ouvido atento alegremente a todos os sons
São as cócegas que ele me faz, brincando, nas orelhas.

Damo-nos tão bem um com o outro
Na companhia de tudo
Que nunca pensamos um no outro,
Mas vivemos juntos e dois
Com um acordo íntimo
Como a mão direita e a esquerda.

As a human child, he's divine;
He's why I'm a poet daily,
And as he's ever with me, I'm a poet always.
My smallest gaze thus
Brings me sensation, and
The least sound, from Winnett to Davenport and down to the lake,
seems to speak to me.

The kid who lives near me
Puts one hand in mine
And extends the other to all existence
And thus we three go out and walk to the Phil White Arena,
Jumping and laughing down the hill
Enjoying our shared secret
Which is knowing in every sense
That there's no mystery in the world
And that it's all worthwhile.

The kid is ever with me.
My gaze turns where his finger's pointed.
When I hear, intent and glad at every sound,
he playfully tickles my ears.

In the company of all *coisas*
We feel so elated
That we never think of each other,
But live together and as two
Our bond as deep
As that of the right and left hands of the body.

Ao anoitecer brincamos as cinco pedrinhas
No degrau da porta de casa,
Graves como convém a um deus e a um poeta,
E como se cada pedra
Fosse todo um universo
E fosse por isso um grande perigo para ela
Deixá-la cair no chão.

Depois eu conto-lhe histórias das coisas só dos homens
E ele sorri, porque tudo é incrível.
Ri dos reis e dos que não são reis,
E tem pena de ouvir falar das guerras,
E dos comércios, e dos navios
Que ficam fumo no ar dos altos mares.
Porque ele sabe que tudo isso falta àquela verdade
Que uma flor tem ao florescer
E que anda com a luz do Sol
A variar os montes e os vales
E a fazer doer aos olhos os muros caiados.

Depois ele adormece e eu deito-o.
Levo-o ao colo para dentro de casa
E deito-o, despindo-o lentamente
E como seguindo um ritual muito limpo
E todo materno até ele estar nu.

Ele dorme dentro da minha alma
E às vezes acorda de noite
E brinca com os meus sonhos.
Vira uns de pernas para o ar,
Põe uns em cima dos outros
E bate as palmas sozinho
Sorrindo para o meu sono.

....

At dusk we play Stone John
Outside at the asphalt dip where the creek runs,
Play hard, as a poet and a god should
And every stone
Makes a great whoosh
But is still, as such, in peril
So we don't let it hit the ground, it's a universe.

Afterward, I talk to him of human doings
And he snickers, it's so unbelievable.
He laughs at presidents and residents, separated by a "p,"
And his ears hurt to hear of genocide
And global economics, and missiles
Fired over high seas by satellite into Iraq.
For he knows all this is empty of what truth
A flower has, opening,
fab phototrope wandering toward light
As light itself wanders over Lake Ontario and the Humber Valley
And dazzles like chalk on brick walls.
Then he dozes and I fold him to me.

I lift him against me into the house
And lay him down to pull off his clothes, grass-stained,
a maternal ritual of such clarity,
until he's free.

He sleeps in my soul
And wakes at times in the dark
And plays with my dreams.
He throws some in the air ass-backwards,
piles some on top of others
And claps his hands alone,
grinning at my dream.

Quando eu morrer, filhinho,
Seja eu a criança, o mais pequeno.
Pega-me tu ao colo
E leva-me para dentro da tua casa.
Despe o meu ser cansado e humano
E deita-me na tua cama.
E conta-me histórias, caso eu acorde,
Para eu tornar a adormecer.
E dá-me sonhos teus para eu brincar
Até que nasça qualquer dia
Que tu sabes qual é.

....

Esta é a história do meu Menino Jesus.
Por que razão que se perceba
Não há-de ser ela mais verdadeira
Que tudo quanto os filósofos pensam
E tudo quanto as religiões ensinam?

When I die, kiddo,
it's me who'll be the smallest child.
Take me to you then
And lift me into your house
Undress my tired and human being
And lay me down in your bed.
If I wake, read me poems by Fernando P.
To let me drift to sleep once more.
And let me play with your dreams
Until a day is born,
You know which day, as I do, and which Toronto.

....

This is my story of the child.
Why shouldn't my story be as true
As what all the philosophers think
And religions teach?

....

To go now out in the road — see it?
Look again!
Ah, Winnett Avenue.

IX

Sou um guardador de rebanhos.
O rebanho é os meus pensamentos
E os meus pensamentos são todos sensações.
Penso com os olhos e com os ouvidos
E com as mãos e os pés
E com o nariz e a boca.

Pensar uma flor é vê-la e cheirá-la
E comer um fruto é saber-lhe o sentido.

Por isso quando num dia de calor
Me sinto triste de gozá-lo tanto,
E me deito ao comprido na erva,
E fecho os olhos quentes,
Sinto todo o meu corpo deitado na realidade,
Sei a verdade e sou feliz.

ıx Hey, these are my sheep

I've got an entire flock of cats out my door now.
The flock is my thoughts
And my thoughts, all of them, are sensations.
I think with my eyes, with my ears too,
And with my hands and feet
And with my mouth and nose.

To think a flower is to see and smell it.
There might never be another day like this one!
I eat fruit with respect; it teaches me meaning.

As such, when on a hot day
I feel let down a bit from enjoying such pleasure
And lie out with the hot cats on the lawn,
my eyes shut, they're hot too,
I feel all my body unloosed from reality,
It's so hot out,
And I know truth then, or call it that, it gives me such felicity.

X

«Olá, guardador de rebanhos,
Aí à beira da estrada,
Que te diz o vento que passa?»

«Que é vento, e que passa,
E que já passou antes,
E que passará depois.
E a ti o que te diz?»

«Muita coisa mais do que isso,
Fala-me de muitas outras coisas.
De memórias e de saudades
E de coisas que nunca foram.»

«Nunca ouviste passar o vento.
O vento só fala do vento,
O que lhe ouviste foi mentira,
E a mentira está em ti.»

x "Hey there, you sheepish girl, in your sheep coat"

"Hey there, you sheepish girl, in your sheep coat
On the north side of St. Clair Avenue,
What's that cold wind say to you?"

"That it's wind and it blows,
And it blew past before
And will pass again.
You think it talks to you?"

"It tells me a whole lot more,
It talks to me of such amazements.
Of memories and longings,
And dreams that were but dreams."

"Ah you must be from south of St. Clair.
The wind only talks of wind.
What you heard it say to you were lies
and, now, the lie's in you..."

XI

Aquela senhora tem um piano
Que é agradável mas não é o correr dos rios
Nem o murmúrio que as árvores fazem...

Para que é preciso ter um piano?
O melhor é ter ouvidos
E amar a Natureza.

xi Some woman out there has a piano

Some woman out there has a piano
It's pleasant but can't match the current of rivers
Can't beat the murmurs composed by the trees

Why would anyone have a piano?
What if you want to play a show tune no one likes?
If you have ears at all
you can go outside instead and lie in the lawn,
the dirty grey cat will come to visit
and be scared of you,
and you can go to the manhole cover and hear the creek run.

Os pastores de Virgílio tocavam avenas e outras coisas
E cantavam de amor literariamente.
(Depois – eu nunca li Virgílio.
Para que o havia eu de ler?)

Mas os pastores de Virgílio, coitados, são Virgílio,
E a Natureza é bela e antiga.

XII Virgil's shepherds played novenas and other things

That sheepish kid rushing once again down Winnett Ave, hey Virgil,
Literally, we sang of love.
(Since then, I can't read a book by Virgil.
Why in heaven's name would I?)

But Virgil in a shepherd's jacket, too tight, saint Virgil,
You're a natural, and Nature is beautiful when it's old.

XIII

Leve, leve, muito leve,
Um vento muito leve passa,
E vai-se, sempre muito leve.
E eu não sei o que penso
Nem procuro sabê-lo.

XIII Get up, there's no solace

The wind passes over so lightly
And leaves, light leaves so much levity.
I haven't a clue what I'm thinking.
So much of it escapes me!
Am I talking about absence or the trees?

Não me importo com as rimas. Raras vezes
Há duas árvores iguais, uma ao lado da outra.
Penso e escrevo como as flores têm cor
Mas com menos perfeição no meu modo de exprimir-me
Porque me falta a simplicidade divina
De ser todo só o meu exterior.

Olho e comovo-me,
Comovo-me como a água corre quando o chão é inclinado,
E a minha poesia é natural como o levantar-se o vento...

xiv Rhymes get on my nerves. Rarely

I've got nothing to do with rhymes. Rarely
Are two trees equal, one beside the other.
"I think and write," and "flowers have colours" –
What do you think of those two ~~trees~~ rhymes?
I know my way of speaking isn't perfect
For I'm not what I appear to be
No, that would be too simple, too much like divinity.

I see and am heartened,
heartened like water runs out of a house with a crooked floor,
and my poetry is natural, like the wind picking up paper.

XV

As quatro canções que seguem
Separam-se de tudo o que eu penso,
Mentem a tudo o que eu sinto,
São do contrário do que eu sou...

Escrevi-as estando doente
E por isso elas são naturais
E concordam com aquilo que sinto,
Concordam com aquilo com que não concordam...
Estando doente devo pensar o contrário
Do que penso quando estou são.
(Senão não estaria doente),
Devo sentir o contrário do que sinto
Quando sou eu na saúde,
Devo mentir à minha natureza
De criatura que sente de certa maneira...
Devo ser todo doente – ideias e tudo.
Quando estou doente, não estou doente para outra coisa.

Por isso essas canções que me renegam
Não são capazes de me renegar
E são a paisagem da minha alma de noite,
A mesma ao contrário...

xv The four songs that follow...

The next four songs
Are separate from what I think,
Twist what I feel,
Oppose me stubbornly in what I am...

I wrote them with my ankle torn from a fall
And, as such, they're natural
And consistent with what I feel,
Consistent with what they're inconsistent with...
When ailing, I must think the opposite
Of what I think when I'm flush.
(If not, I wouldn't be ill, now would I),
I must feel the opposite of what I feel
When healthy,
Must lie to my nature as a being
That feels in a certain way...
I must be entirely sick – ideas included.
When I'm sick, I'm not sick for any other *chose.*

As such, these songs that renounce me
Can't get rid of me
They are the city I enter at night, struggling on the pedals
from Trinity-Bellwood up to Christie Pits, and on to No Frills
My ankle's killing me and it's slow,
And the city's wrenched opposite...or...the soul...

XVI

Quem me dera que a minha vida fosse um carro de bois
Que vem a chiar, manhãzinha cedo, pela estrada.
E que para de onde veio volta depois
Quase à noitinha pela mesma estrada.

Eu não tinha que ter esperanças – tinha só que ter rodas...
A minha velhice não tinha rugas nem cabelo branco...
Quando eu já não servia, tiravam-me as rodas
E eu ficava virado e partido no fundo de um barranco.

XVI What I'd give for my life to be my neighbour's old car

What I'd give for my life to be my neighbour's old car
Roaring pointlessly every morning on Winnett,
that later returns more quietly
near evening, along the same avenue.

I wouldn't need to cling to hope – I'd only need wheels…
I'd get old without wrinkles and without grey hair…
When the time comes that I'm useless, they'd just sell my tires
and mop up the oil I leaked on the driveway,

And I'd lie on my roof, my hot roof, at the bottom of a hot gully.

No meu prato que mistura de Natureza!
As minhas irmãs as plantas,
As companheiras das fontes, as santas
A quem ninguém reza...

E cortam-se e vêm à nossa mesa
E nos hotéis os hóspedes ruidosos,
Que chegam com correias tendo mantas
Pedem «Salada», descuidosos...,
Sem pensar que exigem à Terra-Mãe
A sua frescura e os seus filhos primeiros,
As primeiras verdes palavras que ela tem,
As primeiras coisas vivas e irisantes
Que Noé viu
Quando as águas desceram e o cimo dos montes
Verde e alagado surgiu
E no ar por onde a pomba apareceu
O arco-íris se esbateu...

XVII Don't prate on about mixed salad

Quit talking to me about Nature!
Plants are my sisters;
I have a fountain pen, I know a saint
who left years ago for Persia...

Cut it out and come to the table!
Don't act like a loud guest checking into a hotel
With a duffle bag taped shut, dressed in corduroy
Ordering the house salad absentmindedly
Forgetting you're eating up Mother Earth
Her freshness and first tissue
Her first green words she holds tight
The first live and stunning things
Seen from Noah's looking south down Spadina from Bloor
When the waters receded and hilltops
emerged green and lithe
And at St. Clair above Lake Iroquois starlings fluttered
The rainbow's arc, ah, you're too loud, you missed it –

XVIII

Quem me dera que eu fosse o pó da estrada
E que os pés dos pobres me estivessem pisando...

Quem me dera que eu fosse os rios que correm
E que as lavadeiras estivessem à minha beira...

Quem me dera que eu fosse os choupos à margem do rio
E tivesse só o céu por cima e a água por baixo...

Quem me dera que eu fosse o burro do moleiro
E que ele me batesse e me estimasse...

Antes isso que ser o que atravessa a vida
Olhando para trás de si e tendo pena...

XVIII What I'd give to be the sidewalk on Winnett

What I'd give to be the sidewalk on Winnett
So that people without cars could trudge over me...

What I'd give to be the creek under the road at No Frills
So that people could sense water on the way to the laundromat

What I'd give to be the scrub poplars at the parking lot of No Frills
For they've just sky above and water below them

Well, and an ugly parking lot...

What I'd give for a job at the mall, then just sit on my ass
So they'd berate me for being slow, but admire my stamina...

All this I'd rather, than pass through my life
Looking back, with such heartache, *desfeita*...

XIX

O luar quando bate na relva
Não sei que coisa me lembra...
Lembra-me a voz da criada velha
Contando-me contos de fadas.
E de como Nossa Senhora vestida de mendiga
Andava à noite nas estradas
Socorrendo as crianças maltratadas...

Se eu já não posso crer que isso é verdade
Para que bate o luar na relva?

xix Moonlight's beat in suburb's lawn

Moonlight's beat in suburb's lawn
A heartstring pulls faint memory
chose or *coisa*
"take care"
Sometimes I think of all the babysitters
who told me lies.
As if they knew fate!
When the Blessed Virgin dressed as a mendicant
crosses that lawn at night
crosses that parking lot over Garrison Creek
looking for children who've run off

their parents screaming as usual in the houses

Do you believe me?
Do you even think there's a moon in that grass?

XX

O Tejo é mais belo que o rio que corre pela minha aldeia,
Mas o Tejo não é mais belo que o rio que corre pela minha aldeia
Porque o Tejo não é o rio que corre pela minha aldeia,

O Tejo tem grandes navios
E navega nele ainda,
Para aqueles que vêem em tudo o que lá não está,
A memória das naus.

O Tejo desce de Espanha
E o Tejo entra no mar em Portugal.
Toda a gente sabe isso.
Mas poucos sabem qual é o rio da minha aldeia
E para onde ele vai
E donde ele vem.
E por isso, porque pertence a menos gente,
É mais livre e maior o rio da minha aldeia.

Pelo Tejo vai-se para o Mundo.
Para além do Tejo há a América
E a fortuna daqueles que a encontram.
Ninguém nunca pensou no que há para além
Do rio da minha aldeia.

O rio da minha aldeia não faz pensar em nada.
Quem está ao pé dele está só ao pé dele.

xx The Humber is pretty fabulous, really

The Humber is more fabulous than the creek under my avenue.
And the Humber is no more fab than the creek under my avenue.
You can't mix up the two when on my avenue;
For that matter neither of them are very big...

The Humber is too small for ships
Yet on its waters they still ply
For those who see the "not there" in all things:
The memory of canoes.

The Humber descends from up north
And the Humber enters Lake Ontario.
You always hear people say this on buses in the afternoon.
But few know the creek that races under Winnett
And where it heads
And where it came from.
And, as such, because fewer people claim it,
The creek of my avenue is more grand and free.

You can take the Humber out almost to Niagara Falls;
Beyond the Humber is America
Where fortunes are made.
No one ever thinks about what's beyond
the creek under Winnett Avenue.

The creek under my avenue makes no one think of anything.
Whoever goes to the edge of it has only reached the curb.

XXI

Se eu pudesse trincar a terra toda
E sentir-lhe um paladar,
Seria mais feliz um momento...
Mas eu nem sempre quero ser feliz.
É preciso ser de vez em quando infeliz
Para se poder ser natural...

Nem tudo é dias de sol,
E a chuva, quando falta muito, pede-se
Por isso tomo a infelicidade com a felicidade
Naturalmente, como quem não estranha
Que haja montanhas e planícies
E que haja rochedos e erva...

O que é preciso é ser-se natural e calmo
Na felicidade ou na infelicidade,
Sentir como quem olha,
Pensar como quem anda,
E quando se vai morrer, lembrar-se de que o dia morre,
E que o poente é belo e é bela a noite que fica...
Assim é e assim seja...

xxi If I could chew on the whole earth

If I could get my teeth into the whole earth
and taste its beauty and your wildness, Liz
I'd be happier a moment...
But I don't always crave that.
They say you have to feel grief at times
when it rears up, to be capable of being natural...

Yeah I know rain's whisper assuages dryness
And the wind's harsh cut carries fresh mountain air
As such, let's lift up hardship along with happiness
And swing them round and high,
Naturally, like someone who doesn't find it strange
there are mountains and prairies,
and both rocks and grasses in the backyard on Winnett...

Let's be natural in ourselves, and calm
in happiness or difficulty,
And hear creeks when we look,
See hills when we're walking,
And when those little daily deaths draw close, remember day ends
and sunset is beautiful, and beautiful the soft night that remains...
That's how it is, and so it is...

Here on Winnett Avenue and Bond Street and at Braich-y-Ceunant
and in the dusky world...

XXII

Como quem num dia de Verão abre a porta de casa
E espreita para o calor dos campos com a cara toda,
À vezes, de repente, bate-me a Natureza de chapa
Na cara dos meus sentidos,
E eu fico confuso, perturbado, querendo perceber
Não sei bem como nem o quê...

Mas quem me mandou a mim querer perceber?
Quem me disse que havia que perceber?

Quando o Verão me passa pela cara
A mão leve e quente da sua brisa,
Só tenho que sentir agrado porque é brisa
Ou que sentir desagrado porque é quente,
E de qualquer maneira que eu o sinta,
Assim, porque assim o sinto, é que é meu dever senti-lo...

XXII Tremulous summer in a white coat

Like whoever in summer pushes open the house door in afternoon
A house door facing the Toronto sun
And the hot air grabs your face full front
"gone to blazes"
Sometimes Nature suddenly hits me without a hat
in the face of human feeling
And I'm left in a whirl, tremulous, wanting to perceive
I don't know too well what or how...

But who asked me to be "wanting to perceive," anyhow? You?
It's not your business!

When summer passes across my face
Its hand raised and hot breeze on my hot face
I only have to feel glad there's a breeze
Or feel out of sorts in the heat
And however I feel it
As such, for I feel it "as such," I'm responsible for feeling...

XXIII

O meu olhar azul como o céu
É calmo como a água ao sol.
É assim, azul e calmo,
Porque não interroga nem se espanta...

Se eu interrogasse e me espantasse
Não nasciam flores novas nos prados
Nem mudaria qualquer coisa no sol de modo a ele ficar mais belo
(Mesmo se nascessem flores novas no prado
E se o sol mudasse para mais belo,
Eu sentiria menos flores no prado
E achava mais feio o sol...
Porque tudo é como é e assim é que é,
E eu aceito, e nem agradeço,
Para não parecer que penso nisso...)

XXIII My azure gaze is heavenly

My azure gaze is like the sky
Calm water in sunlight.
That's it, blue and calm
for nothing bugs or scares it...

If I poke into things and get scared
No new flowers would be born between the houses
And nothing would grow more beautiful in the sun...
(Even if flowers do bloom in the lawns
And the sun's sweep beautifies all of it,
I'd feel fewer flowers opening between the houses
And find the sun uglier still on Winnett Avenue...
Because everything is as it is and thus is what is,
And I accept it and am not grateful
So you won't notice I'm thinking all this...)

XXIV

O que nós vemos das coisas são as coisas.
Porque veríamos nós uma coisa se houvesse outra?
Porque é que ver e ouvir seria iludirmo-nos
Se ver e ouvir são ver e ouvir?

O essencial é saber ver,
Saber ver sem estar a pensar,
Saber ver quando se vê,
E nem pensar quando se vê,
Nem ver quando se pensa.

Mas isso (triste de nós que trazemos a alma vestida!),
Isso exige um estudo profundo,
Uma aprendizagem de desaprender
E uma sequestração na liberdade daquele convento
De que os poetas dizem que as estrelas são as freiras eternas
E as flores as penitentes convictas de um só dia,
Mas onde afinal as estrelas não são senão estrelas
Nem as flores senão flores,
Sendo por isso que lhes chamamos estrelas e flores.

xxiv What we see of things are things

What we see of things are things.
Why would we see a *chose* if it were otherwise?
Why would sight and hearing play us tricks
If sight and hearing are sight and hearing?

The hard bit is to know how to see,
Know how to see without plunging into thought,
Know how to see when the visible beckons
And not think when the visible beckons,
Nor see when thinking.

But this (sad the way we cloak our souls!)
This requires relentless study
A learning to unlearn
And finding freedom from that convent, *school,*
In which the poets say that high-lit stars are nuns forever
And flowers are its penitents, contrite each single day,
But where in fact, if they'd just look, stars are only stars,
and flowers just flowers,
Hey Virgil, where's your hat in that hot sun,
Let's call a spade a spade, a star a star, creeks creeks and flowers –
Well, let's call them *flores...*

XXV

As bolas de sabão que esta criança
Se entretém a largar de uma palhinha
São translucidamente uma filosofia toda.
Claras, inúteis e passageiras como a Natureza,
Amigas dos olhos como as coisas,
São aquilo que são
Com uma precisão redondinha e aérea,
E ninguém, nem mesmo a criança que as deixa,
Pretende que elas são mais do que parecem ser.

Algumas mal se vêem no ar lúcido.
São como a brisa que passa e mal toca nas flores
E que só sabemos que passa
Porque qualquer coisa se aligeira em nós
E aceita tudo mais nitidamente.

xxv Those soap bubbles blown by the boy Virgil

That boy Virgil's out blowing soap bubbles again
into the windy avenue,
A pure philosophy of translucination, out of a straw!
Clear, useless and transitory as Nature,
Greeting the eye as *coisas* do.
They are what they are
With round and aerial precision
And no one, not even Virgil with his dark curled head,
it's cold out today – where's his sheep coat? – he'll catch a chill,
Pretends they're more than they appear to be.

Some can't be seen in the blazing light;
They are like a passing breeze that ruffles the flowers
So that we only know its passage
Because some *chose* or *coisa* grows lighter in us
And accepts all, oh ache, with rising clarity.

Às vezes, em dias de luz perfeita e exacta,
Em que as coisas têm toda a realidade que podem ter,
Pergunto a mim próprio devagar
Porque sequer atribuo eu
Beleza às coisas.

Uma flor acaso tem beleza?
Tem beleza acaso um fruto?
Não: têm cor e forma
E existência apenas.
A beleza é o nome de qualquer coisa que não existe
Que eu dou às coisas em troca do agrado que me dão.
Não significa nada.
Então porque digo eu das coisas: são belas?

Sim, mesmo a mim, que vivo só de viver,
Invisíveis, vêm ter comigo as mentiras dos homens
Perante as coisas,
Perante as coisas que simplesmente existem.

Que difícil ser próprio e não ver senão o visível!

XXVI At times on days of such honed and perfect light

At times on days of perfect and exact light
In which things have all the reality they can bear,
I ask myself gently
Why even I attribute
Beauty to these *coisas*.

Does a random flower have beauty?
A fruit? Random?
No, they have colour and form
And existence, barely.
Beauty is the name of terror we can scarcely endure,
Oops, that's a poem by Rilke.
Beauty is the name of some inexistent *chose*,
That I give to *choses* for they give me pleasure.
It's meaningless.
They calmly disdain to destroy me, oh go away, Rilke.
So why do I say again: they are so beautiful!

Yes, even I, who live only on Winnett Avenue...
I've absorbed the lies of men and the elegies of Rilke
When face to face with *coisas*,
Faced with *choses* that simply exist.

How hard it is to shake off, and see only the visible!

XXVII

Só a natureza é divina, e ela não é divina...

Se falo dela como de um ente
É que para falar dela preciso usar da linguagem dos homens
Que dá personalidade às coisas,
E impõe nome às coisas.
Mas as coisas não têm nome nem personalidade:
Existem, e o céu é grande e a terra larga,
E o nosso coração do tamanho de um punho fechado...

Bendito seja eu por tudo quanto não sei.
Gozo tudo isso como quem sabe que há o Sol.

XXVII Only Nature is divine, and she's a girl...

Only Nature is divine, and she's not divine...

That I talk of her as of a being
Just means I'm stuck with human language
Which gives *coisas* personalities,
and imposes names on *choses*.
But *chose* or *coisa* have no name or personality
and no passport,
They exist, and the sky is vast and earth rolls out forever,
and our heart is fist-size...

You can bet I'm lucky for all I don't know
I fall into happiness like one who knows there is a sun!

Li hoje quase duas páginas
Do livro dum poeta místico,
E ri como quem tem chorado muito.

Os poetas místicos são filósofos doentes,
E os filósofos são homens doidos.

Porque os poetas místicos dizem que as flores sentem
E dizem que as pedras têm alma
E que os rios têm êxtases ao luar.

Mas as flores, se sentissem, não eram flores,
Eram gente;
E se as pedras tivessem alma, eram coisas vivas, não eram pedras;
E se os rios tivessem êxtases ao luar,
Os rios seriam homens doentes.

É preciso não saber o que são flores e pedras e rios
Para falar dos sentimentos deles.
Falar da alma das pedras, das flores, dos rios,
É falar de si próprio e dos seus falsos pensamentos.
Graças a Deus que as pedras são só pedras,
E que os rios não são senão rios,
E que as flores são apenas flores.

Por mim, escrevo a prosa dos meus versos
E fico contente,
Porque sei que compreendo a Natureza por fora;
E não compreendo por dentro
Porque a Natureza não tem dentro;
Senão não era a Natureza.

xxviii Today I read nearly two pages

Today I got through nearly two pages
In a book by a mystical poet
And laughed till the tears poured out...

Mystical poets are ailing philosophers,
and philosophers are – excuse me – dough-heads.

For mystical poets say that flowers feel
And stones have souls
And rivers are ecstatic in the moonlight.

But flowers, if they felt, wouldn't be flowers,
They'd be your neighbours on Winnett,
washing their cars in the driveway;
And if stones had souls, they'd be live cats,
you'd have to feed them;
And if rivers were in ecstasy in the moonlight,
They'd be nitwits in need of treatment.

You'd have to know nothing of flowers and stones and rivers
To talk of their feelings. Bosh!
Talking of the souls of stones, flowers, rivers
Is admitting your own thought's charade.
Luckily stones are just stones,
And rivers nothing but rivers,
And flowers are only flowers.

As for me, I pen the prose of my poetry
And I'm content,
Because I can understand Nature well enough from out here;
I can't get inside it
Because inside / outside is not Nature's predicament:
  it's Eirin Moure's.

XXIX

Nem sempre sou igual no que digo e escrevo.
Mudo, mas não mudo muito.
A cor das flores não é a mesma ao sol
De que quando uma nuvem passa
Ou quando entra a noite
E as flores são cor da sombra.

Mas quem olha bem vê que são as mesmas flores.
Por isso quando pareço não concordar comigo,
Reparem bem para mim:
Se estava virado para a direita,
Voltei-me agora para a esquerda,
Mas sou sempre eu, assente sobre os meus pés –
O mesmo sempre, graças ao céu e à terra
E aos meus olhos e ouvidos atentos
E à minha clara simplicidade de alma...

xxix What I say and write are not always equal

What I say and write are not always commensurate.
I change, but not much.
The colour of flowers is different in sunlight
than it is when clouds blow in
Or at night's entry
When flowers are the colour of shadow.

But those with good eyes see they are the same flowers.
As such, when I seem incommensurate with myself
Pay attention:
If I'd shifted to the right,
I've turned again leftward
But I'm always I, *eu,* standing upright on two feet –
The same always, thanks to sky and earth
And to my eyes and ears at the ready
And to my soul's clear simplicity, which I call *soul...*

XXX

Se quiserem que eu tenha um misticismo, está bem, tenho-o.
Sou místico, mas só com o corpo.
A minha alma é simples e não pensa.

O meu misticismo é não querer saber.
É viver e não pensar nisso.

Não sei o que é a Natureza: canto-a.
Vivo no cimo dum outeiro
Numa casa caiada e sozinha,
E essa é a minha definição.

xxx So I'm a mystic. And then?

If they accuse me of mysticism, alright, I'm guilty.
I'm a mystic. Now do you feel better?
But it's only an act of the body.
My soul is simple and doesn't think at all.

My mysticism is in not wanting to know.
It lives without thinking about living.

I don't know what Nature is; I just go on about it.
I live where Winnett bends almost double, a little valley,
In a brick house, half a duplex in fact,
built by a man who lost his son at Teruel.
The neighbour beside me throws lasagna to the crows.
There. That's how you can define me.

XXXI

Se às vezes digo que as flores sorriem
E se eu disser que os rios cantam,
Não é porque eu julgue que há sorrisos nas flores
E cantos no correr dos rios...
É porque assim faço mais sentir aos homens falsos
A existência verdadeiramente real das flores e dos rios.

Porque escrevo para eles me lerem sacrifico-me às vezes
À sua estupidez de sentidos...
Não concordo comigo mas absolvo-me,
Porque só sou essa coisa séria, um intérprete da Natureza,
Porque há homens que não percebem a sua linguagem,
Por ela não ser linguagem nenhuma.

xxxi If at times I claim flowers smile and rivers sing

If at times I claim flowers smile and rivers sing
It's not from thinking there are smiles in flowers
And songs in fast currents...
I'm out on Vaughan Road where Taddle Creek runs under me
Duped men drive past me honking, I want to show them
The small buds just now in leaf alongside rivers,
and they want to get fast to Bathurst and St. Clair.

Who can blame them.

So I write, as if they'll read me, and even I fall at times
In love with their stupid feelings...
I'm against it but I forgive myself
Because all I am is Nature's guidepost, and if I don't get
Their attention, they won't see Nature's language
For Nature has no language ever,
Except maybe a e i o   ssssshh .

XXXII

Ontem à tarde um homem das cidades
Falava à porta da estalagem.
Falava comigo também.
Falava da justiça e da luta para haver justiça
E dos operários que sofrem,
E do trabalho constante, e dos que têm fome,
E dos ricos, que só têm costas para isso.

E, olhando para mim, viu-me lágrimas nos olhos
E sorriu com agrado, julgando que eu sentia
O ódio que ele sentia, e a compaixão
Que ele dizia que sentia.

(Mas eu mal o estava ouvindo.
Que me importam a mim os homens
E o que sofrem ou supõem que sofrem?
Sejam como eu – não sofrerão.
Todo o mal do mundo vem de nos importarmos uns com os outros,
Quer para fazer bem, quer para fazer mal.
A nossa alma e o céu e a terra bastam-nos.
Querer mais é perder isto, e ser infeliz.)

Eu no que estava pensando
Quando o amigo de gente falava
(E isso me comoveu até às lágrimas),
Era em como o murmúrio longínquo dos chocalhos
A esse entardecer
Não parecia os sinos duma capela pequenina
A que fossem à missa as flores e os regatos
E as almas simples como a minha.

XXXII Late yesterday in the Agora...

Yesterday I went downtown, and came right back again.
A guy was pontificating in the crowded subway,
Addressing even me;
He spoke of justice and Third-World debt
And of workers who suffer
And of endless labour and the hungry,
And the rich who want a flat tax for us all (read *them*).

Spotting me, he saw my eyes well up
And thought he'd touched me
With all his hate and *soi-disant* compassion.

(But I wasn't really listening.
What's the teeming city to me
And people's endless suffering?
If they lived on Winnett, they'd feel better.
All the world's evils come from confrontation,
Whether wanting to do good or bad.
Soul, sky and earth are all that's needed;
To crave more is to lose this, and be miserable.)

And I, I was thinking
As the people's self-appointed friend went on,
(And this is what brought me to tears)
How the screech of the subway's braking
Was so unlike the one-way traffic on Winnett
Where flowers and creek go to adore
And my neighbour drives his car backwards –
at least he's pointed in the right direction.

(Louvado seja Deus que não sou bom,
E tenho o egoísmo natural das flores
E dos rios que seguem o seu caminho
Preocupados sem o saber
Só com o florir e ir correndo.
É essa a única missão no Mundo,
Essa – existir claramente,
E saber fazê-lo sem pensar nisso.)

E o homem calara-se, olhando o poente.
Mas que tem com o poente quem odeia e ama?

(Lucky I'm not made for doing good
And just have the natural egoism of flowers,
The egoism of creeks that follow waterways even underground,
Concentrating without plans
On flourishing and coursing.
And this is the sole aim of *world*,
This – to exist in the clear –
And do so, without thinking.)

And the guy fell silent, exiting onto Front Street,
gazing dumbstruck to the west, toward Mississauga.
That's where sunset blazes in Toronto!
Maybe he senses there's a creek there... but he'll never find it...

XXXIII

Pobres das flores nos canteiros dos jardins regulares.
Parecem ter medo da polícia...
Mas tão boas que florescem do mesmo modo
E têm o mesmo sorriso antigo
Que tiveram para o primeiro olhar do primeiro homem
Que as viu aparecidas e lhes tocou levemente
Para ver se elas falavam...

XXXIII Dismal are the flowers kept in prissy gardens

Dismal are the flowers kept in prissy gardens.
Are they afraid of the police?
But they're so good that they bloom identically
And have the same venerable smile
With which they caught the eye of the first child
Who saw them open petals and touched them, lightly,
to see if they spoke...

XXXIV

Acho tão natural que não se pense
Que me ponho a rir às vezes, sozinho,
Não sei bem de quê, mas é de qualquer coisa
Que tem que ver com haver gente que pensa...

Que pensará o meu muro da minha sombra?
Pergunto-me às vezes isto até dar por mim
A perguntar-me coisas...
E então desagrado-me, e incomodo-me
Como se desse por mim com um pé dormente...

Que pensará isto de aquilo?
Nada pensa nada.
Terá a terra consciência das pedras e plantas que tem?
Se ela a tiver, que a tenha...
Que me importa isso a mim?
Se eu pensasse nessas coisas,
Deixaria de ver as árvores e as plantas
E deixava de ver a Terra,
Para ver só os meus pensamentos...
Entristecia e ficava às escuras.
E assim, sem pensar, tenho a Terra e o Céu.

xxxiv I realize it's so natural not to think

I realize it's so natural not to think
That at times I start laughing to myself,
I don't know what at, but it's some *chose* or *coisa,*
About the fact that people think...

What will my wall think of my shadow?
I ask myself at times till it dawns on me that
I'm asking myself questions...
And then I feel out of sorts, and awkward,
As if I'd let my foot go to sleep...

What will this one think of that one?
Nothing thinks nothing.
Is the earth conscious of the stones and plants on it?
If it is, that it is...
What's it to do with me?
If I were to think on these things
I'd stop seeing trees and plants
I wouldn't even see the earth
but just my thoughts...
getting glum and dwelling in darkness.
And yet, without thinking: I have Earth and Sky.

XXXV

O luar através dos altos ramos,
Dizem os poetas todos que ele é mais
Que o luar através dos altos ramos.

Mas para mim, que não sei o que penso,
O que o luar através dos altos ramos
É, além de ser
O luar através dos altos ramos,
É não ser mais
Que o luar através dos altos ramos.

xxxv Over there, across the parking lot, in that tree...

"Moonlight through high branches";
All poets say there's more to it
Than moonlight through high branches.

But me, what do I "know" about moonlight?
Sometimes I'm just under those branches, calling a lost cat,
Or in the house across the road, scribbling,
The moon's shining, that's moonlight for you,
And my neighbour's out in his car again, gunning the motor.

XXXVI

E há poetas que são artistas
E trabalham nos seus versos
Como um carpinteiro nas tábuas!...

Que triste não saber florir!
Ter que pôr verso sobre verso, como quem constrói um muro
E ver se está bem, e tirar se não está!...
Quando a única casa artística é a Terra toda
Que varia e está sempre bem e é sempre a mesma.

Penso nisto, não como quem pensa, mas como quem respira.
E olho para as flores e sorrio...
Não sei se elas me compreendem
Nem se eu as compreendo a elas,
Mas sei que a verdade está nelas e em mim
E na nossa comum divindade
De nos deixarmos ir e viver pela Terra
E levar ao colo pelas Estações contentes
E deixar que o vento cante para adormecermos
E não termos sonhos no nosso sono.

xxxvi And then there's poets who are artists

And then there's poets who are artists
And work on their poems
as if they're cutting gyproc!

They make me cringe!
They put stanza against stanza, as if building a wall,
And see if it's even, and tear it down if it isn't!...
All this when the only house of art is all the Earth,
North of Davenport Road and south of it,
so various, well-made always and always there.

I think this not as someone thinking, but as someone breathing.
And gaze toward the neighbour's flowers and smile...
Who knows if they'll understand me
Or if I'll understand them,
But I know that truth is in their petals and in me
And we share a divinity
In allowing ourselves to stay and inhabit the creekside at Winnett
And be held in its lap by contented Seasons
And let the cold wind croon us sleepward
for it's March here and the wind's cold
And we haven't needed dreams for nights now.

XXXVII

Como um grande borrão de fogo sujo
O sol-posto demora-se nas nuvens que ficam.
Vem um silvo vago de longe na tarde muito calma.
Deve ser dum comboio longínquo.

Neste momento vem-me uma vaga saudade
E um vago desejo plácido
Que aparece e desaparece.

Também às vezes, à flor dos ribeiros
Formam-se bolhas na água
Que nascem e se desmancham.
E não têm sentido nenhum
Salvo serem bolhas de água
Que nascem e se desmancham.

xxxvii Like a huge blotch of sullied fire

Like a huge blotch of sullied fire
The gone sun hangs in the last of clouds.
A vague whistle far off touches the first calm of evening.
It must be a train south of Davenport.

At that moment I'm touched with a vague wistfulness
And a vague lulled desire
That flickers and amends.

Just as, at times, at the riverbank's edge
Bubbles of water form
Are born and set loose
Not ever *meaning.*
"Bubbles of water." Just this,
Born, set loose.

XXXVIII

Bendito seja o mesmo sol de outras terras
Que faz meus irmãos todos os homens
Porque todos os homens, um momento no dia, o olham como eu,
E nesse puro momento
Todo limpo e sensível
Regressam lacrimosamente
E com um suspiro que mal sentem
Ao Homem verdadeiro e primitivo
Que via o Sol nascer e ainda o não adorava.
Porque isso é natural – mais natural
Que adorar o ouro e Deus
E a arte e a moral...

XXXVIII That bloody sun's shining everywhere, even in downtown Toronto...

That bloody sun's shining all over, even on Bay Street,
It's enough to make liberal humanism look good,
Because everyone suddenly looks up from their day, seeing sun as I do
And in that pure moment
Shine on me, little star, they croon
regressing tearfully
and sighing as if they'd fooled themselves
into feeling like the true and primitive Human Being
who saw the Earth's star rise without bowing to adore it.
But hey it's so natural – more natural
Than what they do all day south of Davenport
where the streets are all called Bay Street, at least ten of them and
maybe more,
Bay Street Bay Street Bay Street,
Paved with gold and God,
and art and hotdog stands and morals...

XXXIX

O mistério das coisas, onde está ele?
Onde está ele que não aparece
Pelo menos a mostrar-nos que é mistério?
Que sabe o rio e que sabe a árvore
E eu, que não sou mais do que eles, que sei disso?
Sempre que olho para as coisas e penso no que os homens
   pensam delas,
Rio como um regato que soa fresco numa pedra.

Porque o único sentido oculto das coisas
É elas não terem sentido oculto nenhum,
É mais estranho do que todas as estranhezas
E do que os sonhos de todos os poetas
E os pensamentos de todos os filósofos,
Que as coisas sejam realmente o que parecem ser
E não haja nada que compreender.

Sim, eis o que os meus sentidos aprenderam sozinhos: –
As coisas não têm significação: têm existência.
As coisas são o único sentido oculto das coisas.

xxxix The mystery of things, where is it?

The mystery of things, where'd it go?
Where is the unperceivable *that;*
At least it could show us what mystery is.
What does the river know, or the tree?
And I, who am no more than these, what do I know of it?
I always look at things and think what people think of them,
It makes me kill myself laughing, like a creek fresh under the road.

For the one hidden meaning of things
Is there's no hidden meaning,
And this is more strange than all strangenesses
And all the dreams of poets
And the thoughts of philosophers;
Do we need a concept just yet, Mr. Derrida,
Can you wait one minute,
While things are really what they seem to be
and understanding is so direct, I can just fake it.

Ah yes. This, my senses have to learn alone:
Things have no meaning, they have existence.
Things are the one hidden meaning of things.
It's kind of fun.
That's why I call them *coisas,* or *choses.*

Passa uma borboleta por diante de mim
E pela primeira vez no Universo eu reparo
Que as borboletas não têm cor nem movimento,
Assim como as flores não têm perfume nem cor.
A cor é que tem cor nas asas da borboleta,
No movimento da borboleta o movimento é que se move.
O perfume é que tem perfume no perfume da flor.
A borboleta é apenas borboleta
E a flor é apenas flor.

XL A butterfly just winged in front of me

A butterfly just wobbled in front of me
And I'm struck by the realization
That butterflies have neither colour nor motion
And flowers don't have fragrance or colour.
Colour has to steal colour in the wings of the butterfly,
And in the butterfly's zigzag, movement is what moves.
Scent? It's what's scented in the scent of a flower.
A butterfly is scarcely a butterfly.
Whoosh.
And a flower has a tenuous grip on *bloom*.

XLI

No entardecer dos dias de Verão, às vezes,
Ainda que não haja brisa nenhuma, parece
Que passa, um momento, uma leve brisa...
Mas as árvores permanecem imóveis
Em todas as folhas das suas folhas
E os nossos sentidos tiveram uma ilusão,
Tiveram a ilusão do que lhes agradaria...

Ah!, os sentidos, os doentes que vêem e ouvem!
Fôssemos nós como devíamos ser
E não haveria em nós necessidade de ilusão...
Bastar-nos-ia sentir com clareza e vida
E nem repararmos para que há sentidos...

Mas Graças a Deus que há imperfeição no Mundo
Porque a imperfeição é uma coisa,
E haver gente que erra é original,
E haver gente doente torna o Mundo engraçado.
Se não houvesse imperfeição, havia uma coisa a menos,
E deve haver muita coisa
Para termos muito que ver e ouvir...

XLI At the end of some hot days of Summer...

At the end of some hot days of Summer,
When there's no breeze at all, I feel
For a moment, just that, a breeze trembling...
But the trees are still
in all the leaves of their leaves
It's an illusion of the senses,
The senses that invent what pleases them...

Ah you senses on Vaughan Road, you sicknesses that see and hear!
If only we were made *to be*
And needed no illusion;
It'd be enough to feel with clarity, *vivace*
And never realize there were senses...

But the world's imperfect, ya ya ya, and we need it so
Because imperfection is *chose* and *coisa*,
And that we err makes us original,
Besides, it's hot out and we want a glass of water,
Aren't we funny,
And we have our sicknesses; and they make a quirky world.

Without imperfection, there'd be one less *chose*,
And we need every *chose*,

Because we need so terribly to see and hear...

XLII

Passou a diligência pela estrada, e foi-se;
E a estrada não ficou mais bela, nem sequer mais feia.
Assim é a acção humana pelo mundo fora.
Nada tiramos e nada pomos; passamos e esquecemos;
E o Sol é sempre pontual todos os dias.

XLII There goes a car backwards down Winnett, it's gone

There goes a car backwards down Winnett, it's gone –
And the road's no uglier and no more beautiful.
That's where action gets you, out in the world!
We don't take away or add a thing; we drive through and forget;
And the sun shows up with its watch on, every single day.

XLIII

Antes o voo da ave, que passa e não deixa rasto,
Que a passagem do animal, que fica lembrada no chão.
A ave passa e esquece, e assim deve ser.
O animal, onde já não está e por isso de nada serve,
Mostra que já esteve, o que não serve para nada.

A recordação é uma traição à Natureza.
Porque a Natureza de ontem não é Natureza.
O que foi não é nada, e lembrar é não ver.

Passa, ave, passa, e ensina-me a passar!

XLIII Compared to a bird, whose flight leaves no path

Compared to a bird, whose flight leaves no path
My cat's passage leaves tracks in the kitchen.
The bird passes and forgets, and that's it.
When the cat's gone and "as such," useless,
It shows off that it once was, which is also useless.

To Nature, memory is treason.
Who reads yesterday's news!
The past is nothing; don't mistake remembering for seeing.

Pass by, bird! Pass! Your rough bird shoulders, this once, teach me!

And you cat, who asked you, still wearing that fur coat,
asleep with your paws out, smelling of sky.

XLIV

Acordo de noite subitamente.
E o meu relógio ocupa a noite toda.
Não sinto a Natureza lá fora.
O meu quarto é uma coisa escura com paredes vagamente
   brancas.
Lá fora há um sossego como se nada existisse.
Só o relógio prossegue o seu ruído.
E esta pequena coisa de engrenagens que está em cima da minha
   mesa
Abafa toda a existência da terra e do céu...
Quase que me perco a pensar o que isto significa,
Mas estaco, e sinto-me sorrir na noite com os cantos da boca,
Porque a única coisa que o meu relógio simboliza ou significa
Enchendo com a sua pequenez a noite enorme
É a curiosa sensação de encher a noite enorme
Com a sua pequenez...

XLIV At night I'm suddenly awake

At night I'm jarred awake for no reason,
I don't even have an alarm clock.
Nature wakes me up from outside, when I need to feel Nothing.
My room is a dark *coisa* with vague white walls.
Out there is peace as if nothing existed, not even
Vaughan Road.
I wish for the rattle of an alarm clock. You know it.
A little gadget battery-run on top of the night table,
that cancels all existence on earth and sky...
I almost wonder what this means
But stop, feel myself grin stupidly into the pillow,
For the only thing my waking symbolizes or signifies
Touching the enormity of night with my Eirin smallness
Is the curious sensation of touching night's enormity
– there might be ghosts, a door just slammed –
with my E smallness...

XLV

Um renque de árvores lá longe, lá para a encosta.
Mas o que é um renque de árvores? Há árvores apenas.
Renque e o plural árvores não são coisas, são nomes.

Tristes das almas humanas, que põem tudo em ordem,
Que traçam linhas de coisa a coisa,
Que põem letreiros com nomes nas árvores absolutamente reais,
E desenham paralelos de latitude e longitude
Sobre a própria terra inocente e mais verde e florida do que isso!

XLV That line of trees across the parking lot

That line of trees across the parking lot.
But what's a line of trees? They're just trees.
Line and the plural "trees" are not *coisas*, just names.

Human souls are pretty pitiful, to insist constantly on order,
Connect up each *chose* with a *coisa*,
Stick signs with names on trees that are absolutely real,
And draw parallels of latitude and longitude
on Earth itself, innocent Earth, more green and beneficent than this!

XLVI

Deste modo ou daquele modo,
Conforme calha ou não calha,
Podendo às vezes dizer o que penso,
E outras vezes dizendo-o mal e com misturas,
Vou escrevendo os meus versos sem querer,
Como se escrever não fosse uma coisa feita de gestos,
Como se escrever fosse uma coisa que me acontecesse
Como dar-me o sol de fora.

Procuro dizer o que sinto
Sem pensar em que o sinto.
Procuro encostar as palavras à ideia
E não precisar dum corredor
Do pensamento para as palavras.

Nem sempre consigo sentir o que sei que devo sentir.
O meu pensamento só muito devagar atravessa o rio a nado
Porque lhe pesa o fato que os homens o fizeram usar.

Procuro despir-me do que aprendi,
Procuro esquecer-me do modo de lembrar que me ensinaram,
E raspar a tinta com que me pintaram os sentidos,
Desencaixotar as minhas emoções verdadeiras,
Desembrulhar-me e ser eu, não Alberto Caeiro,
Mas um animal humano que a Natureza produziu.

E assim escrevo, querendo sentir a Natureza, nem sequer
    como um homem,
Mas como quem sente a Natureza, e mais nada.
E assim escrevo, ora bem, ora mal,
Ora acertando com o que quero dizer, ora errando,
Caindo aqui, levantando-me acolá,
Mas indo sempre no meu caminho como um cego teimoso.

XLVI Any which way at all

for Liz

Any which way at all,
Whether or not the time's right,
Able, at times, to say what I think
And other times screwing it up completely,
I keep on writing poems without wanting to,
As if writing were not a *chose* made of gestures,
As if writing were a *coisa* that simply occurs
like sunlight when you step out the door.

I try to say what I feel
Without thinking of the "fact" that I feel it.
I try to lean words upon ideas
And not insist they take thought's corridor
to reach words.

It's not always that I *can* feel what I know I must feel.
My thoughts walk out up Winnett so slowly
For they're wearing the winter coat de rigueur in Toronto.

I try to shake off what I've learned,
Try to forget the method of remembering that was taught to me,
And to scratch off the ink with which my senses were blotted,
Unencase my real emotions,
Unwrap myself and be I, *eu*, not Alberto or Eirin
But a human animal, produced by Nature.

And that's how I write, wanting to feel Nature, not even like a person
But as one who feels Nature, no more.
And, as such, I write, well or badly,
Sometimes certain of what I want to say, sometimes straying,
Falling down here, getting up again farther,
but always on my own road, with blind tenacity.

113

Ainda assim, sou alguém.
Sou o Descobridor da Natureza.
Sou o Argonauta das sensações verdadeiras.
Trago ao Universo um novo Universo
Porque trago ao Universo ele-próprio.

Isto sinto e isto escrevo
Perfeitamente sabedor e sem que não veja
Que são cinco horas do amanhecer
E que o Sol, que ainda não mostrou a cabeça
Por cima do muro do horizonte,
Ainda assim já se lhe vêem as pontas dos dedos
Agarrando o cimo do muro
Do horizonte cheio de montes baixos.

In this way, I'm alive.
I'm the Discoverer of Nature
I'm the Argonauts of Toronto's real sensations.
I bring to the Universe a new Universe,
Because I bring the Universe to its *whoosh*, north of Vaughan Road.

I feel this exactly as I write it,
Knowing perfectly – I don't need to look –
It's 5 a.m.
And the sun's not yet lifted its head
Above the neighbour's house, the wall of the horizon,
But you can just see the tips of its fingers
Gripping the rooftop and ravine edge beside it,
The horizon of roofs marking the old topography of hills,
then the Phil White Arena.

Route of creek and the birds.
O sun of April. *Bos días, boa mañá. Benvido.*

XLVII

Num dia excessivamente nítido,
Dia em que dava a vontade de ter trabalhado muito
Para nele não trabalhar nada,
Entrevi, como uma estrada por entre as árvores,
O que talvez seja o Grande Segredo,
Aquele Grande Mistério de que os poetas falsos falam.

Vi que não há Natureza,
Que Natureza não existe,
Que há montes, vales, planícies,
Que há árvores, flores, ervas,
Que há rios e pedras,
Mas que não há um todo a que isso pertença,
Que um conjunto real e verdadeiro
É uma doença das nossas ideias.

A Natureza é partes sem um todo.
Isto é talvez o tal mistério de que falam.

Foi isto o que sem pensar nem parar,
Acertei que devia ser a verdade
Que todos andam a achar e que não acham,
E que só eu, porque a não fui achar, achei.

XLVII On one of those crazy clear days

On one of those crazy clear days
A day that makes you wish you'd laboured intensely – yesterday –
In order to have skipped out today,
I glimpsed, like seeing the street from between the creek trees,
What you might call the Big Secret,
That great mystery the safe poets write about endlessly.

I saw that there is no Nature,
That Nature does not exist,
That there are mountains, ravines, prairies,
That there are trees, flowers, grasses,
rivers and stones,
But no Great All unites them,
When we see a conjunction we think is real, we believe in:
Ah we spend too much time
with our heads addled.

Nature is fragments without a whole.
That's the great mystery.

Without stopping to think at all
This came to me as true,
suddenly, in the green blur...
Then I put my glasses on, realized
Everyone else is off to work, and the trees are bent down by wind,
Even the cats are gone, I'm alone in the neighbourhood.

XLVIII

Da mais alta janela da minha casa
Com um lenço branco digo adeus
Aos meus versos que partem para a humanidade

E não estou alegre nem triste.
Esse é o destino dos versos.
Escrivi-os e devo mostrá-los a todos
Porque não posso fazer o contrário
Como a flor não pode esconder a cor,
Nem o rio esconder que corre,
Nem a árvore esconder que dá fruto.

Ei-los que vão já longe como que na diligência
E eu sem querer sinto pena
Como uma dor no corpo.

Quem sabe quem os lerá?
Quem sabe a que mãos irão?

Flor, colheu-me o meu destino para os olhos.
Árvore, arrancaram-me os frutos para as bocas.
Rio, o destino da minha água era não ficar em mim.
Submeto-me e sinto-me quase alegre,
Quase alegre como quem se cansa de estar triste.

Ide, ide, de mim!
Passa a árvore e fica dispersa pela Natureza.
Murcha a flor e o seu pó dura sempre.
Corre o rio e entra no mar e a sua água é sempre a que foi sua.

Passo e fico, como o Universo.

XLVIII From the highest window of my house on Winnett

From the highest window of my house on Winnett
This one, behind the cedar,
I wave my *adieux* with a scrap of white linen
To my poems heading out toward Lake Iroquois.

And I'm neither glad nor glum.
It's the fate of poems, I figure.
I wrote them and must present them to the denizens of Toronto,
because what else can I do
Like the flower can't fake its colour
Or the river hide its current
Or the tree claim it can't bear fruit.

There they are, poems, already at Vaughan Road, trudging to
the bus stop, and I feel a kind of pang
Unexpected, but physical.

Who knows who'll read them.
Who knows what hands they'll fall into.

Flower, I was cut out for being seen with the eyes.
Tree, my fruit must be taken by mouth.
River, all my water flows outward, away from me.
I give in, and feel a bit happy,
The joy of someone who's just tired of being sad.

Go, go, git!
The tree falls yet its bits litter the parking lot.
The petals droop but the flower's dust is forever.
The river enters sea and its water recalls a window on Winnett.

I pass by and dwell: my *whoosh*
against yours.

Meto-me para dentro, e fecho a janela.
Trazem o candeeiro e dão as boas-noites.
E a minha voz contente dá as boas-noites.
Oxalá a minha vida seja sempre isto:
O dia cheio de sol, ou suave de chuva,
Ou tempestuoso como se acabasse o Mundo,
A tarde suave e os ranchos que passam
Fitados com interesse da janela,
O último olhar amigo dado ao sossego das árvores,
E depois, fechada a janela, o candeeiro aceso,
Sem ler nada, sem pensar em nada, nem dormir,
Sentir a vida correr por mim como um rio por seu leito,
E lá fora um grande silêncio como um deus que dorme.

XLIX I go back inside and shut the window

I go back inside and shut the window
My cat's already gone to bed on the stair
And my voice says goodnight happily.
I hope my life will hearten me always:
A day lush with sun, or with rain's soft stutter,
Or stormy like the world is trying hard to end.
A gentle afternoon with the buzz of people
Seized intently from an open window
The last glance so friendly it assuages the trees,
And then closing the window, by the lamp now,
not reading anything, thinking of nothing, not yet sleeping
I feel life course through me like Garrison Creek
under the road,
And far off, the silence so huge, like a god,
or a neighbour in a lawnchair after dusk, sleeping.

L Sometimes life occurs to me in French

Sometimes life occurs to me in French.
I look out over the back prairie where cats have pawed wet earth
And see the neighbour's *pommier.*

It's then I know I'm about to leave Winnett.
How loved I have been between the earth and sky of Winnett Avenue!
A whole winter here, such bleakness, and
I did not die.

But how I bewildered my friends with my direness and imprecations.

Then, *então,* everywhere I learned to see again, *do meu mestre Caeiro.*
The sidewalk is just a sidewalk, the hill a hill;
There's a bent bit where the creek crosses under asphalt,
And a line of trees past a parking lot that have always been there.

When I found the creek, I shed all my sorrows.
Oh to pass through my life, a creek's roar
Under an avenue. Sure of all, sure of nothing.

Un jour, Amérique, je te tournerai le dos...

An Interview with Alberto Caeiro in Vigo, Spain
attributed to Alexander Search, with footnotes from Teresa Sobral Cunha*

"Everything felt directly brings new words." – Alberto Caeiro

Among the many acute sensations that I owe to the city of Vigo,[1] I'm grateful for the encounter I've just had with the latest, and indubitably the most original, of our poets.

A friendly soul had sent me Alberto Caeiro's book from Portugal, trying, perhaps, to ease my exile.** I read it here by the window as he would have wished, the Bay of Vigo before my ecstatic eyes. And there couldn't be a more providential sign than the marvellous happenstance that took place soon after my reading: I met the glorious poet himself.

A mutual friend had introduced us. And that evening, at dinner, in the dining room of the Hotel X, we had this conversation, which I told him I'd like to present as an interview.

I conveyed my admiration for his work. He listened to me with the air of one who was receiving what he deserved, with a fresh and spontaneous pride that is one of the most charming human qualities, and by which he showed himself cognizant

---

* EM NOTE: Thanks to Chris Daniels in San Francisco, who generously provided the Portuguese original in an edition edited and annotated by Teresa Sobral Cunha. The English translation here is mine.

1 In another passage that dates from the same time, Fernando Pessoa commented: "Of Galicia, which is a lost chunk of the Portuguese nation, we know nothing." He was possibly already pondering a confederal and decided Iberia (in an imperialism of the Future) with its focal point relocated to the "natural Galego-Portuguese state," not Madrid but Lisbon. In light of this, we can perhaps detect an argument for Caeiro having Galician ancestry, for his only trip we know of was to Vigo, and it was in this city that he gave the only interview to have come down to us.

** EM NOTE: This exile perplexed me, for Alexander Search was English: how could poems in Portuguese ease his exile in Vigo? Then Liz said: It's about sheep, and England is full of sheep! Trust me!

of his right. But not more than I was cognizant of it. For I was extraordinarily recognizant.

Over coffee, our conversation passed to purely intellectual concerns. It wasn't hard to steer it toward the one thing that interested me: Caeiro's book. I've transcribed what I heard, and even if I couldn't – naturally – set down the entire conversation, what I've captured is representative of all that was said.

The poet spoke of himself and his work with a kind of religiosity and natural elevation which would have been intolerable in someone of lesser aspect. He spoke in objective sentences that synethesized excessively, censuring or admiring (rarely admiring, however) with absolutism, despotically, as if he weren't offering opinions but conveying intangible truths.

The conversation reached the point where I'd told him of my raw bewilderment at the novelty of his book, when it took the course I will transcribe here.

"The friend who sent me your book claimed it was *renaissant*, and part of the Portuguese Renaissance; but I don't see that at all…"

"And a good thing, too. My work couldn't be more different from theirs. Your friend insults me without even knowing me, by comparing me to that lot. They're mystics, and mystic is the least of what I am. How can anyone say we're related? We're not even all poets, because they aren't poets. When I read Pascoaes I laugh till the tears roll. I can never read anything of his to the end. A man who discovers hidden meanings in stones, human feelings in trees, who anthropomorphizes sunsets and sunrises…

"He's like that Belgian idiot of a Verhaeren which a friend – and I'm still ticked off at him – made me read. They're both preposterous."

126

"But Junqueiro's 'Ode to Light'[2] is part of that movement, too, no?"

"It can't help being a part, though it'd be quite enough were it just bad on its own. Junqueiro isn't a poet; he's a friend of sentences. Rhythm and metre are all you'll find in his work. His religiosity is just blather. And his admiration of nature is more blather. How can you take someone seriously who says he's a hymn of mysterious[3] light in the gravity of God's orbit? Huh? It's entirely vapid. And people have been creating poems up till now with just such vapidity, *excessive vapidity!* It's time to have done with it.

"And João de Barros?"

"*Joe Who?* Trendiness in writers doesn't interest me. The only good thing in any person is something of which he or she is not even aware."

"Could I say Caeiro's a materialist?"

"No, I'm not an artist with any doctrine at all. I'm a person, who one day opened the window and discovered something momentous: Nature exists. It's clear: trees, rivers, stones are things that truly exist. Never before had anyone grasped this.

"I don't pretend to be anything more than the greatest poet in the world. I made the most vital discovery, one made by no one before me, and beside which other discoveries are child's play, frivolities. I gave to the universe. Even the Greeks, with all their farsightedness, didn't do as much."

---

2 In other places it's possible to find Pessoa praising this ode, which he considered a possible opening for a *Portuguese Anthology,* or on a par with works of Coleridge, Wordsworth, Keats, or Milton in a *Great Anthology* or *Antologia Universal.* And even when others raised objections, for example, pointing to its "remnants of religious mysticism" (as Ricardo Reis did), the perfection of the poem was never called into question. Why, then, this sudden contumaciousness?

3 Caeiro mistakenly uses "mysterious" instead of "religious" here.

[4]"I'm the first poet who consciously remembers that Nature exists. Other poets act as if Nature were subordinate to them, as if they were God; I praise Nature while subordinating myself to it, because nothing tells me I'm superior to it, seeing as it includes me, I was born in it and...

"My materialism is spontaneous. I am perfectly and consistently atheist and materialist. There has never been, I well know, a materialist and an atheist like me... For materialism and atheism found, in me, their poet." Alberto Caeiro curiously emphasized "in me" as he spoke, in a way that showed the depth of his conviction.

He then went on telling me that it's high time this haughty and wayward spirit, Fernando Pessoa...

....

NOTE: The extraordinary value of the poetry of Alberto Caeiro is precisely that it is the work of a materialist mystic, an abstractionist who works solely with the concrete, someone ingenuous and simple who only thinks in complex ways, a poet of Nature who is of the spirit, a spontaneous poet whose spontaneity comes from deep reflection. And no mere statement of this ilk can even approach the intelligence and startling originality of Alberto Caeiro.

If he were the absolute materialist he claims to be, he'd be stone, not human. And stone-being clearly wouldn't be the form of life most suited to expressing emotions in verse.

---

4 A brief excerpt, also marked *A. Caeiro (interview)*, which perhaps aims to attentuate the vehemence of the first response to the question of materialism expressed in the preceding brief excerpt (moved here from another point in the literary papers where it was out of place and not clearly identified). Although Alexander Search isn't subject to the pangs of exile here, it seems to let us attribute the interview to him: the name-like squiggle marked on this excerpt is identical to the one Search uses on his *Treatise on Portuguese Shorthand,* of which several pages are found in Pessoa's 1912 *Note-Book.*

Alberto Caeiro is a consummate impossibility. Perhaps our immediate, unconscious realization of this, which we derive from the work itself, is the source of the admiring amazement that we feel on encountering the work.

O Guardador de Rebanhos is one of the greatest of the great works of all time and all nations.

How "Ode to Light" and "Lost Song", which once seemed so new and brash to us, feel old and repugnant beside the absolute newness, the surprise of *O Guardador de Rebanhos*!

Fernando Pessoa, considered the greatest modernist poet in Portuguese, died in Lisbon at the age of 47 in 1935. He wrote using heteronyms, complete poetic personalities/characters with different bodies of work, biographies, horoscopes, educations, professions, and aesthetics. The various heteronyms, at different times, argued (most civilly) with each other, developed their ideas in letters to each other, wrote memoirs about each other, influenced each other.

Alberto Caeiro, one of Pessoa's five major heteronyms (the others are Ricardo Reis, Álvaro de Campos, Bernardo Soares, and Pessoa himself) was born on April 16, 1889 in Lisbon and died there in November 1915 of tuberculosis. Caeiro had little formal education and no profession to speak of, and lived most of his life in the country with an aged great-aunt. Physically he was fair, of medium height, and blue-eyed; he didn't look as fragile in health as he was. He was a bucolic poet of nature perceived directly, a pagan and, more recently, has been seen as objectivist and phenomenalist. *O Guardador de Rebanhos* was his major work.

Alexander Search, mentioned in the postface of this book, was an early and minor heteronym, created while Pessoa was a schoolboy; he was English and wrote poetry.

EIRIN MOURE lives in Montréal, where she is also known as Erin Mouré. One of Canada's most eminent and respected poets, Mouré is also a translator from French, Galician, Spanish, and Portuguese. She is the author of thirteen books of poetry, including *Furious*, which won the Governor General's Literary Award for Poetry; *Domestic Fuel*, which won the Pat Lowther Memorial Award; *Little Theatres*, which won the A. M. Klein Prize for Poetry and was a finalist for the 2006 Griffin Poetry Prize, the Governor General's Literary Award for Poetry, and the Pat Lowther Memorial Award; *O Cadoiro*, which was a finalist for the A. M. Klein Prize for Poetry and the *ForeWord* Magazine Book of the Year Award; and *Expeditions of a Chimæra* (co-written with Oana Avasilichioaei). Mouré has also published seven books of poetry in translation, including *Sheep's Vigil by a Fervent Person* by Alberto Caeiro/Fernando Pessoa, which was a finalist for the 2002 Griffin Poetry Prize and the 2002 City of Toronto Book Prize; Nicole Brossard's *Notebook of Roses and Civilization* (co-translated with Robert Majzels), which was a finalist for the 2008 Griffin Poetry Prize; and Chus Pato's *m-Talá* and *Charenton*.

Printed in the USA
CPSIA information can be obtained
at www.ICGtesting.com
LVHW090805080824
787695LV00003B/370